Tilemann Dothias Wiarda

Geschichte der ausgestorbenen alten friesischen oder sächsischen Sprache

Tilemann Dothias Wiarda

Geschichte der ausgestorbenen alten friesischen oder sächsischen Sprache

ISBN/EAN: 9783743624351

Hergestellt in Europa, USA, Kanada, Australien, Japan

Cover: Foto ©ninafisch / pixelio.de

Weitere Bücher finden Sie auf **www.hansebooks.com**

Geschichte

der ausgestorbenen

alten friesischen

oder

sächsischen Sprache.

Aurich,
in der Winterschen Buchhandlung
und in Bremen,
In Commißion bey George Ludewig Förster.
1784.

Vorrede.

Die alte friesische oder sächsische Spra-
che wurde vor 1500 Jahren, und
weiter zurück, in Niederdeutschland gere-
det. Noch vor einigen Jahrhunderten blühte
sie zwischen der Weser und der Südersee.
Sie, die graue Mutter der jetzigen nieder-
deutschen und holländischen Sprache, sie,
die wahrscheinlich die älteste deutsche Mund-

art

art ist, verdienet gewiß alle Aufmerksam-
keit. In Deutschland scheint sie noch un-
bekannt zu seyn, wenigstens ist bisher nichts
über sie geschrieben worden. Ich hoffe da-
her, daß eine kurze Geschichte von ihr
den Sprachforschern nicht unangenehm seyn
werde.

Zürich, den 1. Sept. 1784.

Tileman Dothias Wiarda.

Inhalt.

Inhalt.

§. 1.

Kurze Geschichte der altfriesischen Sprache. §. 2. An der Seeküste zwischen dem Rhein und der Elbe wohnte der Friese und Kauche, jenseits der Elbe unter vielen kleinen Völkern der Angel und Sachse. §. 3. Der Sachse breitete sich immer weiter aus. §. 4. Zuerst trat der Angel und Jüte und nachher, §. 5. der Kauche und Friese mit ihm in ein Bündniß. §. 6. Aus diesen verbundenen Völkern, die sich Sachsen oder eigentlich Angelsachsen nannten, giengen zuerst in der Mitte des 5ten Jahrhunderts und in den folgenden Zeiten Colonien nach Britannien über, §. 7. und verpflanzten dorthin ihre damalen schon uralte teutsche Mundart, die sie die angelsächsische nannten. Noch im eilften Jahrhunderte wurde sie in England rein geredet, §. 8. verlohr sich aber nachher durch Vermischung mit dem normännischen in die jetzige englische Sprache. §. 9. und 10. Der Angelsachse in England und der Niederdeutsche in Deutschland redeten viele hundert Jahre hindurch eine und dieselbe Sprache, die dorten die angelsächsische, hier die sächsische oder friesische hies. §. 11. In dem sächsischen Bunde war der Friese das mächtigste Volk. Es breitete seinen Nahmen ohngefähr im sechsten Jahrhunderte von dem Rhein bis zur Elbe aus. Alles was vorhin Sachsen hies, nannte man nun Friesland, und die sächsische Sprache die friesische. §. 12.

Diese

Inhalt.

Diese Sprache war noch im 14ten Jahrhunderte eine lebende Sprache in dem freyen Frieslande zwischen der Weser und dem Fly, starb aber nachher allmählig aus. §. 13. Lage, Sitten und Verfassung der Friesen hat diese uralte Sprache so lange erhalten. §. 14. Proben von dieser Sprache, wie sie noch gangbar war und nach und nach abnahm. §. 15. Doch giebt es von ihr aus dem vorigen und diesem Jahrhunderte noch Bruchstücke jenseits der Emse. §. 16. Diesseits der Emse in Ostfriesland. §. 17. in den daran begränzten Provinzen, §. 18. und jenseits der Weser und Elbe. §. 19. Aus der friesischen Sprache sind durch Vermischung mit der fränkischen zwey neue Mundarten die niedersächsische und holländische entstanden. §. 20. Erstere hat sich aus der slavischen Sprache verfeinert, und sich ungemein weit ausgebreitet. §. 21. Hergegen ist die holländische Sprache der Mutter ähnlicher geblieben. §. 22. Da sich nunmehro die friesische Sprache verlohren, so ist die Erlernung derselben mit vielen Schwierigkeiten verknüpft. Wobei denn zugleich, §. 23. die nächsten und, §. 24. die entfernteren Quellen entdecket werden.

Geschichte

Geschichte
der ausgestorbenen alten
friesischen oder sächsischen
Sprache.

§. 1.

Die altsächsische oder altfriesische Sprache ist eine uralte deutsche Sprache. Ihre älteste Tochter war die angelsächsische Sprache. Diese blieb der Mutter bis ins eilfte Jahrhundert ähnlich, vermischte sich hernach mit der normännischen Sprache und brachte damit die englische hervor. In Deutschland entstanden von der altsächsischen oder friesischen Sprache auf der einen Seite die flämische nachher holländische, und auf der andern Seite die niedersächsische Sprache. Sie, die Mutter, hielt sich zuletzt bey den Friesen zwischen der Weser und Suidersee auf, lebte noch im vierzehnten Jahrhunderte und starb nach und nach im funfzehnten und folgendem Jahrhunderte aus. Dies ist die kurze Geschichte der altfriesischen Sprache, welche ich weiter ausführen werde.

A §. 2.

§. 2.

An der Seeküste zwischen dem Rhein und der Elbe
wohnten nach den Zeugnissen Plinius hist. nat. Lib. IV.
c. 13. und Tacitus de Mor. Germ. cap. 34 und 35. die
Friesen von dem mittlern Ausflusse des Rheins bis zur
Emse, und die Kauchen von der Emse bis zur Elbe.
Ptolomäus L. II. cap. a. bestimmt eben so die Gränzen
der Friesen und Kauchen. Erst, sagt er, kommen die
Friesen bis zur Emse, dann die kleinen Kauchen bis zur
Weser und nach ihnen die großen bis zur Elbe. Soweit
sind die Gränzen genau nach den Flüssen bestimmt. Jen-
seits der Elbe in der cimbrischen Halbinsel und noch weiter
östlich bis zur Oder giebt es größere Schwierigkeit.
Dorten wohnten unter den verschiedenen von den alten
Schriftstellern benannten Völkern die Angeln und Sach-
sen, womit ich mich alleine zu beschäftigen habe. Taci-
tus und Ptolomäus setzen die Angeln unter die suevischen
Völker. Jener läßt sie nahe an der Elbe wohnen, dieser
rückt sie näher an die Oder. Wenn Ptolomäus sagt:
die großen Kauchen kommen bis zur Elbe, so fährt er
fort: und dann kommen auf dem Nacken der cimbrischen
Halbinsel die Sachsen.

§. 3.

Damals in dem zweyten Jahrhunderte, wie Ptolo-
mäus schrieb, machte der Sachse noch ein kleines unbe-
deutendes Volk aus. Strabo, Plinius und Tacitus
kannten es noch nicht. Es breitete sich aber bald nach-
her immer weiter aus. Schon im dritten Jahrhunderte
werden die Sachsen neben den Franken, als Nachbarn
gestellt; Eutrop. IX, 13. und im vierten und folgenden

kamen

kamen sie schon von der Weser bis zum Rhein, Zosim.
L. III, c. 1. schlugen sich an der fränkischen Gränze mit
den Römern unter Valentinian Orof. L. VII, c. 32. und
beunruhigten als mächtige Seeräuber die gallische und
britannische Küsten. Ammian. Marcel, L. XXVII, 30.
Sidonius Appoll. L. VIII, ep. 6.

§. 4.

Es ist leichte zu erachten, daß diese Streifereyen und
Züge nicht von dem kleinen sächsischen Stamme aus Alt-
sachsen, (calb sachsen) woraus man nachher Holsatia und
Holstein gemacht, allein geschehen. Der Sachse ver-
band sich wahrscheinlich erst mit seinen Nachbarn jenseit
der Elbe. Die Angeln, die zu den suevischen Völkern
gehörten, und die Ptolomäus ausdrücklich Angelsueven
nennt, traten zu den Sachsen über, und nannten sich
in Verbindung mit den Sachsen, nun Angelsachsen. Von
diesen ersten Bundesgenossen nannten sich nachher die
sämmtlichen verbundenen Völker, die nach Britannien
giengen, Angelsachsen. Der Name der Cimbrier ver-
lohr sich oben in der cimbrischen Halbinsel. Diese Ein-
wohner nannten sich nun Viten oder Jüten. Sie fügten
sich ebenfalls zu dem sächsischen Bunde, und giengen,
wie wir unten sehen werden, mit nach Britannien über.
Diese drey verbundene Völker bewohnten das heutige
Holstein, Schleswig und Jütland. Der Angel wohnte
in der Mitten in Schleswig, die Jüten oben in Jütland
und der Sachse unter ihm in Holstein. Anglia vetus sita
est inter Saxones et Giotos, habens oppidum capitale,
quod sermone Saxonico Sleswic, secundum vero Danos
Haithby vocatur. Fabius quaest. Ettelmandus ein alter

Schrift-

Schriftſteller aus dem zehnten Jahrhundert angeführet von
Cambd. in Britan. p. 68. Imprimis ſcias, omnes iſtos
populos uno communi nomine Saxones vocatos eſſe
Anglos Getasque, licet ſua peculiaria nomina habuerint,
totam quippe Jutiam, ubi Angli Getaeque confederant,
Saxones Saec. V. ſub ditione ſua tenebant, itemque Hol-
ſatiam, Ditmarſiam, Stormariam, quae veteres uno
Nordalbingiae nomine complexi ſunt. Scheringham de
origine Anglor. c. II. p. 26.

§. 5.

Die Völker dieſſeits der Elbe die Kauchen und Frie-
ſen, haben ſich ebenfalls in den ſächſiſchen Bund gegeben.
Die Küſte Frieslands lag überaus gelegen, die galliſche
und brittaniſche Küſten zu beunruhigen, daher werden
an dieſen Streifereyen die Frieſen vorzüglich Antheil ge-
nommen haben. Es gehörte damalen von Jütland an
bis zum Rheine alles zum ſächſiſchen Bunde. Saxonum
gens in toto erat maritima a Rheno flumine usque ad
Doniam urbem, quae nunc Danmarc nuncupatur. Fabius
quaeſt. Ethelmandus bey Cambd. in Brit. p. 69. ſo auch
die holländiſche Reim-Chronik von Melis Stoke.

> Oude Boeken hoer ic gewagen
> Dat al't Land beneden Nymagen
> Wilen Neder Zaſſen hiet,
> Alſo als de Stroem verſchiet
> Van der Maſen ende van den Rine
> De Schelt was dat Weſt en de Sine
> Alzo als ſi valt in de Zee,
> Oeſt ſtreckende, min no mee
> Dan totter Lavece, of ter Elve.

§. 6.

§. 6.

Die Sachsen und die mit ihnen verbundene Völker, welche nun mit einander von Holstein bis nach Flandern den gemeinschaftlichen Namen der Sachsen führten, waren den Britten, als mächtige Krieger und starke Seeräuber bekannt. Die Britten wurden von den Picten gedränget, und riefen die Sachsen zu Hülfe. Der erste Zug nach Britannien unter Hengistus und Horsus geschah in der Mitte des fünften Jahrhunderts ohngefähr im Jahre 449. Gibson. Chron. Sax. p. 12. Rapin Geschichte von England p. 84. u. a. m. Rapin ist der Meynung, daß die erste Einschiffung der sächsischen Truppen in Seeland geschehen sey. Andere lassen sie aus der cimbrischen Halbinsel herkommen. Allgem. Welthist. T. XLVII, p. 78. Doch dies thut wenig zur Sache. Es ist zu meinem Zwecke genug, wenn ich anweise, daß an den nachfolgenden verschiedenen Zügen das ganze verbundene sächsische Volk Antheil genommen habe. Die alte sächsische Chronik nennt uns die alten Sachsen, die Angeln und Jütten: tha com tha menn of trim maegdum Germanie of Eald-Seaxum, of Anglum, of Jotum: da kamen die Männer von dreyen germanischen Völkern; von den Altsachsen, von den Angeln, von Jüten, Gibson. Chron. Sax. p. 12. Einige hundert Jahre später, gedenket er auch der Friesen. And tha Seaxan haefdon sige, and thaer waeron Frison mid; und die Sachsen erfochten den Sieg, und es waren Friesen mit dabey p. 88. Procopius zählet drey Hauptnationen in Britannien, Angeln, Friesen und Britten. Nomina populis Angli, Frisones et cognomines insulae Brittones. Procop. hist. goth. L. IV, c. 20. Marcellinus gedenket eines sächsischen und friesischen

A 3   Stam-

Stammes in England: Quoniam Sancti Doctores pro-
pagati fuerunt in Anglia de ſtirpe Friſonica et Saxonica,
ideo convenienter potuerunt iis praedicare evangelium.
Ubbo Emmii rer. friſ. hiſt. p. 41. Beda nennt noch weit
mehrere Völker, aus welchen die Sachſen und Angeln,
die damals in Britannien wohnten, hergekommen; Frie-
ſen, Rugier, Dänen, Altſachſen, Brukters und gar
Hunnen. Eo tempore ſacerdos Ecgbertus propoſuit ani-
mo pluribus prodeſſe; id eſt, inito opere apoſtolico ver-
bum dei aliquibus earum quae nondum audierant genti-
bus evangelizando committere, quarum in Germania plu-
ribus noverat eſſe Nationes, a quibus Angli vel Saxones,
qui nunc Britanniam incolunt, genus et originem duxiſſe
noſcuntur. Unde hactenus a vicina gente Britonum cor-
rupti Germani nuncupantur. Sunt autem Freſones, Rugini,
Dani, Hunni, antiqui Saxones, Boructuarii. Beda hiſt.
eccleſ. C. 10. Dieſe unter dem Namen Sachſen oder Angel-
ſachſen verbundene deutſche Völker demüthigten erſt die
Picten, dann unterjochten ſie ſelbſt die Britten und ſtifte-
ten die Reiche der Heptarchie. Als Ueberwinder einer
fremden Nation behielten ſie Sitten, Geſetze und Sprache
ihres Vaterlandes viele Jahrhunderte bey. Dieſes iſt al-
lenthalben aus der engliſchen Geſchichte bekannt genug.

§. 7.

Die Sprache, die der Deutſche nach Britannien
überbrachte, nannte man nach dem Völke die angelſäch-
ſiſche. Dieſe muß damals ſchon eine uralte auf die ſpäte-
ſten Enkel fortgepflanzte und tief eingewurzelte Sprache
geweſen ſeyn, weil der neue Coloniſt in einem fremden
Lande ſie viele Jahrhunderte lang, wie ich nachher erwei-
ſen werde, unverändert beybehalten hat. Mit Recht
ſagt

sagt Wachter in Gloss. germ. praef. §. 43. Lingua anglo-
saxonica, cum sit ab Ingevonibus orta, filia est celticae
maritima et primogenita, natalibus suis nec omnino dis-
similis, clarissima tamen originis suae documenta in se
gerens. Dedit illi mater hanc inprimis praerogativam,
ut sororibus suis non solum aetate prior, sed etiam ve-
nustate et simplicitate commendabilior esset. Haec lin-
gua cum tempore devenit mater foecunda plurium alia-
rum linguarum inprimis anglicanae, belgicae, norwe-
gicae, islandicae, danicae, suecicae, quae sunt quasi
celticae linguae ex hac filia nepotes. Diese alte sächsische
Sprache ist bis zur normännischen Regierung rein und
unvermischt geredet worden. Man kann sich davon am
besten aus den angelsächsischen Gesetzen überzeugen. Die
Sprache in den Gesetzen der Könige Ethelbert, Glotar,
Withred, Ina, Elfred zc. bis zum Könige Kanut, ist
sich immer gleich geblieben. Ethelbert, König zu Kent,
kam 561 zur Regierung, und König Kanut, der ganz
England beherrschte, starb 1036 zu Schaftsbury. In
diesem Zeitraume von 600 Jahren, von dem ersten Zuge
unter Hengistus und Horsus angerechnet, bis zur nor-
männischen Regierung, hat die angelsächsische Sprache in
England keine Veränderung erlitten. Ich pflichte daher
Morhofen in seinem Polyhist. gerne bey, wenn er p. 748
sagt: Lingua anglo-saxonica fere pura mansit in Anglia
seu impermixta usque ad Normannorum tempora, nisi
quod voces aliquot cambricas admiserit.

§. 8.

So wie der Angelsachse seine alte sächsische Sprache
mit nach Britannien überbrachte, so brachte auch Wil-
helm der Eroberer, der dem angelsächsischen Reiche im

elfften

eilften Jahrhunderte ein Ende machte, ſeine normänni-
ſche Sprache dahin. Seine Geſeße, die wir bey Wilkins
in LL. Anglo-Sax. p. 219. u. f. finden, ließ er gleich in
der normänniſchen Sprache abfaſſen. Dieſe normänni-
ſche Sprache, ein Miſchmaſch der däniſchen und franzö-
ſiſchen Sprache, wurde die Hof- und Gerichtsſprache,
und daraus entſtand mit Vermiſchung des angelſächſiſchen,
die jeßige engliſche Sprache. Daher hat das Engliſche
nicht nur mit dem Altſächſiſchen oder Frieſiſchen, ſondern
auch ſogar mit dem Holländiſchen und dem Niederſächſi-
ſchen, beſonders auch mit dem ißigen Bauer = oder Platt-
frieſiſchen noch ißo ſo viele Aehnlichkeit. Soll das Platt-
frieſiſche aus dem Engliſchen ausgemerzet werden, ſo
wird wenig von der engliſchen Sprache übrig bleiben, be-
hauptet Foeke Sjoerds. Algem. Beſchryv. von Friesland,
1. Deel, p. 299.

§. 9.

Wir gehen nun nach Deutſchland zurück. Noch ehe
die Sachſen nach Britannien giengen, und während ihrer
Herrſchaft auf dem größten Theile dieſer Inſel wurde An-
gelſächſiſch oder beſſer Altſächſiſch, auf der cimbriſchen
Halbinſel längſt der ganzen frieſiſchen Küſte in Weſtpha-
len bis an den Rhein und überhaupt ſo weit in Nieder-
deutſchland geredet, als die Gränzen der Sachſen gegen
die Wenden und Thüringer giengen. Allgem. Welthiſt.
T. XLVII. §. 257. Dieſer Saß iſt einleuchtend gegrün-
det. Die Züge der deutſchen nach Britannien geſchahen
nicht zu ein und derſelben Zeit, nicht auf einmal. Viele
Jahrhunderte nach einander kamen ganze Colonien aus
allen Gegenden Norddeutſchlandes, die die alten Coloni-
ſten verſtärkten und ſich mit ihnen vermiſchten. Es iſt
noth-

nothwendig, daß ſämmtliche Coloniſten, der Angel, der
Sachſe, Rauche und Frieſe eine und dieſelbe Sprache müſ-
ſen geredet haben, weil ſonſt durch dieſe Vermiſchung
eine neue Sprache würde entſtanden ſeyn, und doch iſt
die angelſächſiſche Sprache, welche die zu verſchiedenen
Zeiten nach England übergegangenen deutſchen Völker mit-
brachten, dorten ohne ſehr merkliche Veränderungen, in
dem langen Zeitraume von 600 Jahren, ſich immer gleich
geblieben. Verlor nun der Angelſachſe, ſeiner Auswande-
rung, Verpflanzung auf einen fremden Boden und beſtän-
diger Vermiſchung mit den neuen Coloniſten ohnerachtet,
ſeine alte Sprache nicht, wie vielmehr wird der in ſeinem
Vaterlande zurückgebliebene Deutſche ſeine uralte germa-
niſche Sprache beybehalten haben? Der Angelſachſe in
England, und der Niederdeutſche in Deutſchland, rede-
ten alſo noch viele Jahrhunderte hindurch eine und die-
ſelbe Sprache. Dorten hies ſie die angelſächſiſche, hier
die altſächſiſche oder frieſiſche.

§. 10.

Um ſich völlig zu überzeugen, daß zwiſchen der angel-
ſächſiſchen und frieſiſchen Sprache kein merklicher Unter-
ſchied geweſen, will ich ſie gegen einander halten, und
zur Probe den 54ſten Artikel aus des Königs Aethelberts
Geſetzen hieher ſetzen.
Gif thuman ofaslaehth XX. ſcill. gif thuman naegl weordeth
III. ſcill. gebete. gif man ſcyterfinger ofaslaehth VIII. ſcill.
gebete. gif man middelfinger ofaslaehth IV. gebete, gif
man goldfinger ofaslaehth VI. ſcill. gebete, gif man thon
litlan finger ofaslaehth XI. ſcill. gebete.
55. Aet tham neglum gehwylcum ſcill.

 56. Aet

53. Aet tham laereſtan wlite wamme II. ſcill. and aet tham maran VI. ſcill. welches Wilkins richtig überſetzt hat.

54. Si pollex abſcindatur XX. ſolidis; ſi pollicis unguis abſcindatur tribus ſolidis emendetur: Si quis indicem digitum abſciderit octo ſolidis compenſet, ſi quis medium digitum abſciderit, IV. ſolidis compenſet, ſi quis digitum annularem abſciderit, VI. ſolidis compenſet, ſi quis autem minimum digitum abſciderit, XI. ſolidis compenſet.

55. Pro unguibus ſingulis ſolidus compenſetur.

56. Pro minimo naevo tres ſolidi et pro maioribus ſex ſolidi.
Dies iſt alles frieſiſch.

Angelſächſiſch.	Frieſiſch.	
Gif	ief und gef	wenn, ob
thuma	Thuma	der Daum
Naegl	Negl	der Nagel
ofaslachn	offeslayn	abſchlagen
beta	beta	büßen
ſcyterfinger	Scotfingr	Zeigefinger
Middelfinger	langefingr	Mittelfinger
Goldfinger	goldfingr	dritte Finger
lita finger	litke fingr.	kleine Finger
gehwylc	hwelic	jeder
and	and	und
laereſt	lereſt	das geringſte
wlite wammo	wlita wlemma	ſichtbare Wunde
mara.	mara.	mehr.

Vorſtehende Stelle würde im Frieſiſchen ohngefähr ſo lauten:

Gef thuman offeslayt XX. ſcill. Gef thuman negl weorth III. ſcill. ebete. Gef man ſcot fingr offeslayt VIII. ſcil.

ebete,

ebete, gef man lange fingr offeslayt IV. fcill. ebete, gef
man then Goldfingr offeslayt VI. fcill. ebete, gef man
then litka fingr offeslayt XI. fcil. ebete.
55. fram tham neglum hwelicum fcyl.
56. fram tham lereftan wlita wlemma II. fcil. and fram
tham maran VI. fcil.

So genau kömmt noch das Friefifche aus dem brenzehnten
und vierzehnten Jahrhunderte mit dem Angelfächfifchen
aus dem fechften Jahrhunderte überein. Ein ficherer
Beweis, daß die friefifche und angelfächfifche Sprache
eine und diefelbe gewefen, und zugleich ein gültiger Be-
weis, daß die friefifche Sprache die alte fächfifche Sprache
gewefen fey. Es ift alfo leicht zu begreifen, wie der
angelf. heil. Wilbrod den Friefen das Evangelium in ihrer
Sprache habe predigen können. S. Willebrodus cum
fuis ex Anglia veniens primum applicuit in Valachria in-
fula Zelandiae et venit Weftcapellam, ubi Deus erat Mer-
curius ibique evangelium lingua Frifonibus praedicavit.
Cornel. Kemp. de fitu et qual. Frif. L. II. c. 22. ex Chron.
Leid. So fingt auch Claes Kolin in feiner alten Rym
Kronik bey Dumbaer in Anal. T. I. p. 260.

> En te quam (Willbrord) al to Utrecht
> Storen di Godfen onverholen
> Alfe Paus Serges hadde bevolen.
> Ti em Aertbifkop hadde ewyet
> t' Utrecht i liet.
> Zynen Stoel, ende bekeren
> Vele Luden t' onfen Here
> Angels uten Neerfaffen was
> Van Northumberlande das
> Ons tie Schreften laten hören,
> Sinte Willeboerd geboren
> En te prekten zy te mael
> Goede in ti friefe tael.

Der

Der Angelſachſe verſtund alſo den Deutſchen, und der
Deutſche den Angelſachſen, und beyde redeten noch viele
Jahrhunderte hindurch eine und dieſelbe Sprache.

§. 11.

Schon zu den Zeiten des Tacitus war der Frieſe ein
berühmtes Volk. Clarum inter Germanos friſium no-
men. Annal. L. IV. c. 74. Unter ſeinen nachherigen
Bundesgenoſſen; den Sachſen, war es das größte, das
mächtigſte Volk. Er breitete ſeinen Namen und ſein
Gebiet vielleicht ſchon im ſechſten Jahrhunderte oder we-
nigſtens nicht lange hernach, in Weſten, jenſeits des
Rheins bis zur Schelde oder Maas, und in Oſten über
die Emſe ganz bis zur Eider herauf, aus. Alting. Notitia
Germ. inf. P. II. p. 64. Emmii rer. friſ. hiſt. L. I. p. 11.
Heineccii Antiq. Germ. T. I. p. 15. Spener. Not. Germ.
Ant. et Med. p. 416. Schildius de Chaucis L. II. cap. 11.
Winckelmann Notit. Saxo-Weſtph. L. I. c. 5. Conring.
de finibus imperii L. I. c. 2. §. 5. Heimreichs nordfr.
Chronik, 1. Buch, 7. Kap. Wierichs Verſuch über den
Staat von Friesland N. 2. ꝛc. Alles was vorhin Sach-
ſen hies, nannte man nun Friesland.

> Die Nederſaſſen heeten nu Vrieſen
> Dien Naem wan ik dat eerſt vant
> Rome, want hets een cout Landt.
>
> Kolyn Rym-Chron.

und die altſächſiſche Sprache hies nunmehro die frieſiſche.

§. 12.

Friesland wurde nachher unter der fränkiſchen Ober-
herrſchaft zwiſchen der Maas und der Weſer wieder ein-
ge-

geschränkt. Es war damalen in drey Haupttheile abge-
theilt; zwischen Sincfall, das ist, wo die Maas in das
Meer fällt, Siccama ad LL. frisC tit. 3. §. 58. und dem
Flystrom, zwischen dem Flystrom und der Lauers, zwi-
schen der Lauers und der Weser.   In den alten LL. Fri-
sionum kömmt öfters diese Eintheilung vor.   Kaiser
Karl der Große und seine Nachfolger liessen die verschie-
dene Gauen ihrer friesischen Provinzen durch Grafen re-
gieren.   In der Zeitfolge wurden die Grafen jenseits des
Flyes erblich.   Dies westliche Friesland nannte man
daher frisia hereditaria, so wie das östliche frisia libera.
Nach dieser Trennung wurde also das freye Friesland zwi-
schen dem Fly und der Weser eingeschränkt.   Die Re-
publik dieses freyen, obgleich durch innerliche Zwistigkei-
ten zerrütteten Frieslandes stand noch bis zu Anfang des
funfzehnten Jahrhunderts.   Bis dahin wurde noch die
alte friesische Sprache, jedoch zuletzt schon etwas verun-
staltet, in dieser Republik geredet.   Wie Ostfriesland
aber in der Mitte des funfzehnten Jahrhunderts unter
gräfliche Regierung kam, und jenseits der Emse mit dem
Anfange des sechzehnten Jahrhunderts die sächsische, nach-
her brabantische Regierung und demnächst die Vereini-
gung mit den Niederlanden erfolgte, so wurde nunmehro
das enge Band, welches vormalen die friesischen Staaten
zusammen hielt, aufgelöset.   Nach dieser Trennung ge-
wöhnte sich der Friese zu dem Umgange mit Fremden, der
Handel mit Auswärtigen wurde eröfnet, aus den Gerich-
ten. Kirchen und Schulen wurde die friesische Sprache
verdrängt, und die deutsche und niederländische Sprache
wurden die Schriftsprachen.   So starb denn auch in die-
sem vormaligen freyen Frieslande die alte sächsische oder

friesi-

frieſiſche Sprache allmälig aus. So lange alſo die frie-
ſiſche Republik noch unerſchüttert ſtand, und ſo lange die
Frieſen ſich mit dem ela fria freſena begrüßten, ſo lange
blühte noch die frieſiſche Sprache. Suffr. Petr. de Script.
Friſiae in Praefat. Gabbema in der Vorrede zu Gisbert
Japix Rymlerie, und Siccama in Comment. ad LL. Friſ.
p. 65. Indeſſen war ſie ſchon viele hundert Jahre vor-
her und zwar zuerſt in Oſten zwiſchen der Weſer und der
Eider, und nachher etwas ſpäter in Weſten zwiſchen dem
Flyſtrom und der Maas völlig erloſchen. Der eigentli-
che Zeitpunkt, wenn die frieſiſche Sprache jenſeits des
Flys und jenſeits der Weſer ausgeſtorben, läßt ſich nicht
beſtimmen; wir wollen aber davon weiter unten, bey der
niederſächſiſchen und holländiſchen Sprache, reden. Wir
können nur überhaupt ſagen: in den itzigen Provinzen,
Friesland, Gröningen und Oſtfriesland, und etwas wei-
ter bis zur Weſer, hat ſich die alte Sprache am längſten
erhalten; im dreyzehnten und vierzehnten Jahrhunderte
ſtand ſie noch in ihrem völligen Flore, im funfzehnten
wankte ſie zwiſchen dem Flämiſchen und Niederſächſiſchen,
und im ſechzehnten hielt ſie ſich nur in einigen abgelegenen
Gegenden und bey einigen alten Familien, wiewohl ſchon
ziemlich verdorben, auf, und ſo ſtarb ſie endlich völlig aus.

§. 13.

Wer einigermaßen mit der Geſchichte von Friesland
bekannt iſt, wird leichte einſehen können, woher es ge-
kommen, daß dieſe alte Sprache juſt in der frieſiſchen
Republik zwiſchen dem Fly und der Weſer ſich am längſten
erhalten habe. Es iſt ausgemacht, daß in einem Lande,
welches von ſeinen urſprünglichen Bewohnern annoch be-

ſeſſen

seffen wird, welches überhaupt wenige Revolutionen er-
litten, welches, nach seiner Lage, seine Bewohner von
den Einwohnern anderer Länder trennet, und welches ein
Volk ernähret, so wegen seines Nationalkarakters sich
immer in seinem engen Zirkel zusammen hält, den Um-
gang mit Fremden sorgfältig vermeidet und ausländische
Heurathen verachtet, Sitten und Sprache der ersten Ein-
wohner sich nicht so leichte verlieren können. Daher ist
der von dem Weltmeere umgebene Isländer der Sprache
seiner Vorfahren am längsten getreu geblieben, daher re-
det das veronesische und vincentinische von Bergen einge-
schlossene Volk, mitten in dem venetianischen Gebiete,
eine deutsche Mundart, wovon Hr. Büsching in dem
6ten Theile seines Magazins eine Abhandlung von
Marko Pezzo geliefert hat; daher spricht das im tiefen
Thale wohnende Volk der Landschaft Hasli seine alte
Sprache, die man für ein Ueberbleibsel der celtischen,
oder welches ganz irrig ist, der ostfriesischen Sprache
hält, Björnstähls Briefe, 3ter Band, p. 190. Daher
behält der von seinen Mitbürgern sich absondernde Hallore
in Halle, viel Wendisch bey; und daher redet der strenge
die Sitten seiner Väter nachahmende Jude, zerstreut in
allen Kraisen Deutschlands sein Jüdischdeutsch. Fries-
land liegt an der äussersten Gränze des nördlichen Deutsch-
landes. An der Seeseite ist es von allen andern Völkern
abgeschnitten, und von der Landseite war es in vorigen
Zeiten durch tiefe Moräste gedeckt, so daß sich wenige
Fremde in diese Provinzen verfügten. Die Nation selbst
blieb immer in ihren väterlichen Hütten, und behielt die
Sitten und Sprache ihrer Voreltern bey. Daher behielt
also der Friese, wenn andere deutsche Völker ihr Vater-
land

land verlieſſen, oder fremde Colonien aufnahmen, den
Namen ſeines Vaterlandes bey.   Da, wo ein Tacitus,
Plinius und Ptolomäus den Frieſen ſetzet, wohnet noch
itzo größtentheils der heutige Frieſe.   Sein Nachbar, der
Kauche, der nachher in den frieſiſchen Bund trat, und
mit ihm eine und dieſelbe Sprache redete, dachte eben ſo.
Schon Tacitus in M. G. c. 35. ſagt von den Kauchen,
dieſem mächtigen Volke, daß es ſicher und ruhig zu
Hauſe blieb, und jenſeits ſeiner Gränzen keine Eroberun=
gen ſuchte.   Es iſt freylich wahr, daß der Frieſe nach=
her den Zügen nach Britannien beygewohnt, daß er öfters
von den Normännern beſucht worden, und endlich unter
die fränkiſche Oberbothmäßigkeit gerathen ſey.   Dieſes
alles aber konnte wiewohl einige, jedoch keine große Ver=
änderungen in ſeiner Sprache bewürken.   Der Frieſe
ſandte nur Colonien nach Britannien, die mehreſten Ein=
geſeſſenen blieben zurück, und behielten die väterlichen Sit=
ten und Sprachen auf ihrem Boden bey; die normänni=
ſchen Einfälle waren nur Streifereyen von keiner langen
Dauer, und die Franken haben ſich nicht eigentlich in
Friesland niedergelaſſen, ſondern die frieſiſchen Provinzen
durch ihre Grafen regieren laſſen.   In nachfolgenden
Zeiten lag Friesland zu weit entfernet, als daß ſich das
zerrüttete deutſche Reich und deſſen Kaiſer um die frieſiſche
Provinzen bekümmern konnten.   Friesland zwiſchen der
Weſer und dem Fly machte eine beſondere Republik aus,
die von dem Volke und deſſen erwählten Richtern und
Oberhäuptern regieret wurde.   Dieſe Eingeſeſſene der
frieſiſchen Republik, hatten nicht den geringſten Umgang
mit Fremden, und duldeten ſie nicht einmal in ihren
Staaten. Emmii rer. friſ. hiſt. L. II. p. 32.   Daher die
Ver=

Verordnung der Brokmänner: hwasa thene uthemeda hufath ieftha howath ieftha oppa finne werf fet fa fkel hi thes wachtia hwet fa hi deth, wer den Ausheimischen in fein Haus oder Hof aufnimmt, der foll dafür haften, was er verwürket. L. 61. Sie erfonnen fogar einige Schibolets, woran fie fofort die Fremden erkennen konnten und fie alsdenn mishandelten, wenn diese fie nicht ausfprechen konnten. Man hat drey folcher Schibolets: Hyrdt racryrn lyrre, höret die Leier brummen. Dir iz nin Klirk zo Krol, az Klirrkamftirkrol Here, di Klirk aller Klirken iz hia to Krol, es ift kein Geiftlicher fo ftolz als der Clericus von Claro campo, dieser Geiftliche ift ftolzer, als alle andere Geiftlichen; und op ouws finne herne lizze fiouwer Klaer lotter liep ayen yn ien nift, auf der Ecke unserer Weide liegen vier klare frische Kibits-Eyer in einem Nefte. Idzinga Staatsrecht van Gröningen p. 251. v. Schwarzenb. Charterboek T. II. p. 9. und Gabbema Vorrede zu Gisbert. Japix Rymlerie. Besonders aber verabfcheuten fie frembe Ehen. Emmius l. c. Auffer ihren Gränzen kamen fie faft niemalen, und felten übernachtete ein Friese jenfeits felner Gränzen. Chron. Egmond. in Math. Annalect. vet. aevi Tom. I. p. 450. Sein größter Kummer war, daß er auffer feinem Lande Heerfarth leiften mußte, dio tiende Keft is, dat dae frefen thoren neen heerferd fora fara, dan Aefter toe da Wefere ende Wefter to da Flee. Sundwirth naet fora, foe hya aen jonde weer mogen comma oen den owirra, om datfe hyara land bihalde toe ienft weeter ende toe ienft den heydena hera. b. i. Die zehnte Kühr ift, daß die Friefen nicht weiter Heerfahrt leiften dürfen, als ins Often bis zur Wefer, und ins Weften bis zum Fly.

B   Ins

Jns Süden nicht weiter, als daß ſie des Abends wieder
zurück an das Ufer kommen mögen, damit ſie ihr Land
gegen das Waſſer und gegen das heydniſche Heer beſchüz-
zen können. Alt. fr. L. R.

Bey dieſer Lage, bey dieſer Verfaſſung und bey einem
ſolchen Charakter konnte der Frieſe ſeine uralte Mutter-
ſprache mit einer fremden Sprache nicht leichte ver-
tauſchen.

§. 14.

Endlich iſt denn auch die alte frieſiſche Sprache in
dem ſogenannten freyen Frieslande allmälig ausgeſtorben.
Um den Leſer mit dieſer alten Sprache, wie ſie noch in
ihrem größten Flore ſtand und nach und nach ſich ihrem
Untergange näherte, bekannt zu machen, will ich aus
den beſten Quellen einige Stellen zur Probe hieher ſetzen.

Hwerſa lidſze daddel ieſtha lemethe, ſa motma under
forma fon eyder ſida naut baria, hit ne ſe, thet him alle
ſine ara ofbernet ſe, ſa ne meyma thet mith nanene
daddele aien tya. thi redieua ſkeppe ſinis hadingis ſecna
tiuchma oppa ene ien bare umbe ſibba and ma ſziuie,
ſa ſkeppe thi redieua mith him, ther him alra neſt is.
ſziauie hia tuene umbe tha ſibbe, ſa ſkethe thet thiu
mene acht, and hweder ſa thet unriucht heth, ſa ſkel
hi ene halue merc refza tha redieuen. — — —
Barathma tua ſinnethe oftha hira other, ſa ſkelin hia
alen hond weſa, hit ſe bare, ieſtha ien bare inna hira
tuira Kenne. d. i. Wo Mord oder Lähmung vorgefallen,
ſo muß man unter dem erſten Grade der Verwandtſchaft
nicht auf den Kampf klagen, es ſey denn, daß dem ei-
nen ſeine ganze Haabe abgebrannt ſey, alsdenn können
die Verwandte des Erſchlagenen den geſtifteten Brand
mit

mit dem Todtschlage nicht compensiren, (von Wort zu
Wort: so mag man diesem den Todtschlag nicht entgegen
setzen) der Richter setze alsdenn den Schaden des in sei-
nem Gerichtszwange wohnenden Eingesessenen feste. Wird
wegen Verwandtschaft des Gegenkämpfers Einwendung
gemacht, und man darüber streitet, so entscheide es der
nachbarliche Richter mit dem competenten Richter. Kön-
nen diese beyden sich wegen der Verwandtschaft nicht
einigen, so entscheide es das Volk, und wer denn Unrecht
hat, bezahle dem Richter eine halbe Mark. Klaget man
kämpflich auf zwey Familien, oder diese unter sich, so soll
aus beyder Verwandtschaft einer für alle streiten, er sey
Provocant oder Provocat. Lit. brocmannor. n. 135. u. 136.

Thet ter nemmer aevel ni gunge nena monne buta
tha riuchta erva, and mane havenie bi ther presterem
worde; and thera Werdmonna; thet ma ther nene sendé
on ne winne. hwersa thi Scheltata sin thing ledzie,
werther en mon fellet, hundert merka Grenenschlachtte
te urgelde. hwersa alle thes londes riuchteran thet Lond
lede, emmer thi here frethe bi twa und thritega hwittes
selveres. d. i. Daß man ausser den rechten Erben Nie-
manden seine Güter übergeben solle, (keinen Contractum
vitalitium eingehen solle) und man ihn alsdenn unter-
halte, nach den Worten des Priesters und der Gerichts-
diener, damit man keine Sünde dabey begehe. Wenn
der Schulze sein Gericht heget, und alsdenn ein Mann
erschlagen wird, so ist alsdenn hundert Mark gröninger
Geldes zum Wehrgelde zu bezahlen. Wenn alle Richter
des Landes das Land aufbieten, so ist immer der Heerfried
auf 32 Mark weissen Silbers festgesetzt. Hunsingoer
Landrecht, N. 27. 28. und 29.

B 2 Die

Die Beſtimmungen der Bruchen und Bußen wegen
Verwundungen und ſonſtigen Gewaltthätigkeiten, rühren
offenbar aus den älteſten Zeiten her. Man findet ſie faſt
in allen frieſiſchen ſtatutariſchen Rechten. Darin iſt faſt
überall die alte frieſiſche Sprache und deren unnachahm-
liche Kürze beybehalten worden. Z. E.

Thre ſwem ſlekan and thre erdfallen, and Wapel
pina habbeth ena bote, and ene riucht. Thi hageſte
ſwimslech 18 enza. dy midreſta 26 ſcill. dy mynreſta
14 ſcill. tha lada ſex ethan Abel ad incepta 10 ſcill. buta
ethe, heeth and Kyeldo 10 ſcillinga.   Mith ena etha
thi haliane. D. i. Die Schläge, wovon man ohn-
mächtig wird, und ſolche, wovon man zu Boden fällt,
und Schmerzen, die man nach der Waſſertauche empfin-
det, haben dieſelbe Buße und daſſelbe Recht. Der
höchſte Schwindelſchlag wird mit 18 Enza, der mittelſte
mit 26 Schillingen, und der geringſte mit 14 Schillingen
gebüßet. Die Reinigung geſchieht durch ſechs Eide.
Eine Wunde, wovon die Narbe hoch auf der Haut liegt
oder eingeſenkt iſt, wird ohne Eid mit 10 Schillingen
gebüßet. Iſt die Wunde aber ſo beſchaffen, daß man
Hitze und Kälte nicht ertragen kann, ſo iſt die Buße
10 Schillingen, muß aber mit einem Eide erhalten
werden ꝛc. Aus der Berechnung der Bußen, wegen
Verwundungen ꝛc. bey Gisbert Japix in der frieſche
Rymlerie a. Theil, p. 38.

Bis hiezu iſt alles alt, echt frieſiſch. So redete
denn der Frieſe im dreyzehnten Jahrhunderte und nachher.
Nu di Strydeed ſweren is, nu iſt riucht: dat hi habba
ſchill een burga, ief hi dat naet burghia wil, deer him
eer burged haet, ſoe ſchil hi him burgia 21. Nachta Di

Burga

Burga schel alsoe ryk wessa, dat hi dine strydwirdiga schat
al lasta moge, deer onder gretwird al deer lat was, soe schil
hi dae buurschip hoda, al ont da Etkeren biwixlet sind. Jef
hi dine Kempa naet winna meg, so aegh hyt op da helli-
gen toe bringen, dattet hem need ofnaem, so aegh hi esta
21 Nachta. Als da 63 Nachta om comma siut, so schilma
dat Stryd bifiuchta, binna dae ban, deer hit binna bisweren
is, So aegh di Schelta dine Ker, hweer hi dat tingh Keda
leth. Nu agen hya da Kempen deer to bringen, deer dat
Stryd ledat, ende di Aesga aegh him dine Kampstal to wisen.
Di Kampstal schil wessa 63 Molles sota breed aller weikes.
Deer agen da Kempen binna to wessen ende da Greetwer-
deeren, ende di Schelta, ende di Aesga, hwaso deer ielkirs in
geet, di is dae Grewa schieldig twa pond. Eesterdam deer di
Schelta bannis bigint, so aegh him di Aesga to delen, dat
se binna dae trim degen, dat Stryd bifiuchta schillet mit Sex
Wepen. Nu schillet dae swird enen lang wessa. Di
Schelta ende di Aesga schillet da wepen schoia iondis
ende morns soe schillet dae wepen oenda Kampstal bidia,
al deerse da Kempen bringhet, hia schillet aider twa
swird habba, ieft eo brect, dat hi tida odera se, ief hi
moge. Dioe leste hetene, deer da Kempen dis tredda
deys fiuchtet, dyo haet dyo luck hetene. Dan schelma
naet fiuchta ors, dan om een Needmond, ende om een
Moerdbrand, ende om een Nomels moerd. Das heißt:
Wenn der Kampfeyd beschworen ist, so ist es Rechtens,
daß er wieder einen Bürgen haben soll, wenn der nicht
länger Bürge seyn will, der sich vor ihm verbürget hat;
und der soll 21 Nächte für ihn gut sagen. Der Bürge
soll so reich seyn, daß er den Werth der streitigen Sache
bezahlen könne, die bey der Klage gefodert worden. Als-

denn

denn ſoll er der Bürgſchaft warten, bis die ſcharfen Waf-
fen verwechſelt ſind.   Wenn er keinen Kämpfer dingen
kann, ſo muß er auf den Heiligen ſchwören, daß ihn
die Noth verhindert habe (einen Kämpfer für ſich zu ſtel-
len) alsdenn hat er noch 21 Nächte Friſt.   Kann er
auch alsdenn keinen Kämpfer erhalten, ſo hat er alsdenn
noch 21 Nächte.   Wenn dieſe 63 Nächte verſtrichen, ſo
ſoll man den Kampf ausfechten in dem Gerichtsbanne,
worin er beſchworen iſt.   Alsdenn hat der Schulze die
Wahl, wo er das Kampfgericht ankündigen will.   Nun
müſſen die, welche die Aufſicht über das Kampfgericht
haben, die Kämpfer dorthin führen und der Aesga muß
ihnen den Kampfplatz anweiſen.   Dieſer Kampfplatz ſoll
allenthalben 63 Erdfüße breit ſeyn.   Inwendig ſollen die
Kämpfer ſeyn, und die Kreisbewahrer, und der Schulze und
der Aesga.   Wer ſonſt hineingehet, der iſt dem Grafen
zwey Pfund ſchuldig.   Wenn nun darnach des Schul-
zen Gerichtspflege ſeinen Anfang genommen; ſo muß ihm
der Aesga anweiſen, daß ſie binnen drey Tagen den
Streit mit ſechs Waffen ausfechten ſollen.   Die Schwer-
ter ſollen von einer Länge ſeyn.   Der Schulze und der
Aesga ſollen die Waffen beſchauen des Morgens und des
Abends, und dieſe Waffen ſollen auf dem Kampfplatze,
wohin ſie die Kämpfer bringen, verbleiben.   Jeder von
ihnen ſoll zwey Schwerter haben, damit wenn eins zer-
bricht, er zu dem andern greiffen könne, wenn er dazu
noch vermögend iſt.   Der letzte Gang, den die Kämpfer
des dritten Tages fechten, heißt der Schlus-Gang, und
der wird ſonſt nicht gehalten, als wegen Nothzucht, Mord-
brand und Meuchelmord.   Alt. frief. L. R. bey Schot. in
Beſchr. van Friesland tuſchen t' Flie end de Lauwers p. 47.

Noch

Noch hatte bie friefifche Sprache wenig von ihrer
Reinheit im 14ten und Anfange des 15ten Jahrhunderts
verlohren; indeffen hatte fich fchon etwas flåmifch und nie-
berfåchfifch mit untergemifchet, auch findet man nicht mehr
bie alte unnachahmliche Kürze im Ausbrucke.

Thes fingunda dis fa fallath alle tha timber fon afta
there wralde to wefla there wralde, and werthat al ga-
dur to breken. Thes achtunda dis, fa falt thi flen,
wither thene flen and to brekth al femin, and tha berga
werthath eifnad. Thes niugunda dis, fa werth alfa
grat irth bruinga; fa ther fon on biienne there wralde
er nen fa deu was. Thes tianda dis werth thiu wrald e
menad an there felua fkipnefe, ther fe was, er fe ufe.
Drochten e fkepen hede. Thes andlofta dis fa gunth thi
maniuska with thene otherne, and ue mi nen mon othe-
ron ondwardia, fon there nede and fon tha ongofta,
hwande thenne is ia hwelik mon thes fines birauad.
Thes twilifta dis fa werth egadurad alle thet benete efter
there wralde anna ene flidi. Thes thredlinda dis fa fal-
lath alle tha Stera fon tha himule. Thes fiuwertinda dis
fa fleruat alle tha liede, and fkilun ther efter upflonda
mith othera clathon. Thes fiftinda dis fa burnt alle thiu
wrald, fan afta there wralde to wefla there wralde, al
to there Hille porte. Ther efter werth domes di &c.

Des fiebenden Tages fallen alle Gebäude von Often
der Welt bis zum Weften der Welt, und werden zufam-
men zerftöret. Des 8ten Tages fällt ein Stein gegen den
andern und werden zufammen zerbrochen, und die Berge
werden geebuet. Des 9ten Tages entftehet ein fo großes
Erdbeben, als vom Anbeginn der Welt vorhin nicht ge-
wefen ift. Des 10ten Tages wird die Welt zu derfelben

Sch-

Schöpfung zurück gebracht, als sie war, ehe unser Herr
sie erschaffen hatte. Des 11ten Tages gehet ein Mensch
wider den andern, und kein Mensch kann dem andern
antworten, wegen der Noth und des Angstes, denn jeder-
mann ist des Seinigen beraubet. Des 12ten Tages wer-
den alle Gebeine nach der Welt (so nach Schöpfung der
Welt entstanden) an eine Stelle versammlet. Des 13ten
Tages fallen alle Sterne vom Himmel. Des 14ten Tages
sterben alle Leute und sollen darnach mit andern Kleidern
auferstehen. Des 15ten Tages brennt die gänze Welt von
Osten der Welt bis zum Westen bis zu der Höllen Pforte.
Darnach kömmt der Gerichtstag rc. Aus dem Asigha
Buche.

Hier dießseits der Emse neigte sich das Altfriesische
im 14ten Jahrhunderte schon mehr nach dem Niedersächsi-
schen. Huerfar hir send alderlofe Kinder ther him felua
nawt mugath for stonde, fa schel thi fibbeste fon ther
Feiders fida da Kinder walde anda schel to him nima ol
thet ma driwa anda dreiga mey. anda fa schel hi tha
moder friundem for thet god fette annen wiffen borga
jefta gren erue oppa thet thettet Kind fin god bihalden
hebbe, alfa hit to ierum Kemen is. Wo elterlose Kinder
sind, die sich selber nicht vorstehen können; soll der nächste
von des Vaters Seite die Kinder regieren und alles zu sich
nehmen, was man verführen und tragen kann, und so
soll er den Verwandten mütterlicher Seite einen sichern
Bürgen oder grün Land stellen, damit das Kind sein Gut
behalten möge, wenn es zu seinen Jahren gekommen ist.
Aus dem Emsiger Landrechte.

Hier ohngefähr beym Ausgange des 14ten Jahrhun-
derts ist fast alles niedersächsisch, nur sind die friesischen
Endigungen beybehalten worden. Dat

Dat sexte Zeeland is Emda mit al Emderland &c.
Ende dit edel Zeland deer riickst was ende fruchtbaer, is
onder Joncker Kene fan Broeckmerland, een neifolger
fen fyn fader ende Broeders in boosheyd : ende mei
quaedheydt hi dit Land bituong, en muckese eerm
wrmits Zeeraveren, en hy spared gastelyck ner wraldsch,
ende was boes in alle tingen, en uyt da Tzercken naem
hy dat jeld, deer hi da Stryd mei furd.

Das sechste Seeland (Friesland wurde befanntermaaſ-
ſen in sieben Seeländern eingetheilet) ist Emden mit ganʒ
Emderland, und dies edele Seeland, welches das reichste und
fruchtbarste war, gehört unter Junfer Keno von Brockmer-
land, ein Nachfolger seines Vaters und Bruders in der Bos-
heit, und durch Bosheit bezwang er das Land, und machte es
arm durch die Seeräuber und schonte weder geistlich noch
weltlich, und war böse in allen Dingen, und aus den
Kirchen nahm er das Geld, womit er den Krieg führte.
Aus dem Verzeichnisse der sieben Seeländern bei Scotanus
in Tablino p. 20.

Hier, jenseits der Emse, noch ohngefähr im Aus-
gange des 15ten Jahrhunderts hatte das Flämische oder
Holländische schon sichtbar die Oberhand.

Die achte Wilkoer is dat nen huisman teghen synen
Heren den Konink sick to seer sal setten myt Kyuen wat
men hem to eschet van des Koninghes weghen, dat he
daer myt rechte upp antworde. Off men enen beteghe
dat he syn hals verboert hadde unde des vorseke, so sal
he sick des ontsculdighen myt 12 Mannen unde witen.
Die achte Wilführ ist, daß kein gemeiner Mann sich sei-
nem Herrn, dem König mit Zänkereyen widersetzen solle.
Was man des Königs halber von ihm verlanget, darauf

B 5   soll

er mit Rechte antworten. Wenn man ihm einer That
beſchuldiget, weshalb er ſeinen Kopf oder Hals verwürket
hat, ſo ſoll er ſich mit 12 Männern durch einen Eid auf
die Heiligen entſchuldigen.   Coder der frieſ: Rechte zu
den Zeiten der Häuptlingen.

Und hier dieſſeits der Emſe verlohren ſich auch im An-
fange des 15ten Jahrhunderts die frieſiſche Endigungen in
der Schriftſprache.   Dagegen behielt der Frieſe jenſeits der
Emſe und Lauers ſie noch verſtümmelt bis zum Anfange
des 16ten Jahrhunderts bey.

Wy Yma, ende Hoya hlyet ende bykannet mey
diſſe epene breue, hoe datter haet weſſen een twiſt ende
ſchillinghe, als twisken dy Pater ſan 'Aylsym mit ſyn
Conventus lyoeden ſan da ena ſyda, ende Aeda Aedaz
ſan da ora ſyda, ryſende ſan hottinghe gued, deer
dy Pater ende Conventus lyoeden ſorſz Kepith hab-
ben ſan Aeden ſorſz.   ende Aeda tocht, dat hy
in da Kaep byhelleth waes, om dattet jeld ſo licht
waes & coetr.   In een tyoch deer Weerheed ſoe
habba wy Soenlioed diſſe baer byfiglit mey ws ſighelen
Int Jeer ws Heeren M. CCCC. ende enen tuyoghentich,
deys ney Sinte Ambroſius Episcopus.   d. i. Wir Yma
und Hoya thun kund und bekennen mit dieſem offenen
Briefe, wie daß ein Zank und Zwiſtigkeit geweſen, als
zwiſchen dem Pater von Aylſum und ſeinen Conventsleuten
von der einen Seite und Aeda Aedar von der andern Seite,
welches von dem hottingiſchen Gute hergekommen, wel-
ches der Pater und ſeine vorbemeldete Conventsleute ge-
kauffet haben, von vorbemeldeten Aeda, und Aeda giebt
vor, daß er in dem Kaufe übervortheilet worden, weil
das Geld ſo leichte geweſen u. ſ. w.   Zum Zeugniſſe dieſer
Wahr-

Wahrheit haben wir Schiedsleute biefen Vergleich befie-
gelt mit unfern Siegeln. Im Jahre unfers Herrn 1491,
am Tage nach Bifchofs St. Ambrofius Fefte. v. Schwar-
zenb. Charterboek von Friesland T. I. p. 751.
Nach biefer Zeit wurde bie hollänbifche Sprache jen-
feits ber Emfe, und bie nieberfächfifche, hollänbifche und
beutfche Sprache bieffeits ber Emfe bie Schriftfprache.
Und fo ftarb denn allmählig bas alte Friefifche völlig aus.

§. 15.

Die friefifche Sprache ift aber nicht völlig, nicht fo
ganz ausgeftorben, daß nicht nur in bem jeßigen Jahr-
hunbert und noch bis auf biefe Zeit Bruchftücke von ihr
vorhanben feyn follten. In ber Provinz Frieslanb, und
zwar befonbers zu Mulquerum unb Hinbelopen wirb bas
Bauerfriefifche gerebet, eine Sprache bie mit bem alt
friefifchen, fehr viele Aehnlichkeit hat. In biefem Bauer-
friefifchen hat ber Rector zu Bolswert Gysbert Japix ver-
fchiebene Gebichte gefchrieben, bie unter ber Auffchrift
Friefche Rymleyre zu Franeker 1684 abgebruckt finb.
In bem 2ten Theile finbet fich ein Fragment einer Gram-
matik biefer Sprache. Dies wirb bann bie friefifche
Sprachlehre feyn, wovon Herr Schlözer in ber allgem.
Welthiftorie T. 31. p. 336. unb bie Beyträge zur Gefchichte
ber beutfchen Sprache unb national litterat. p. 11. reben.
Aber auch biefe Sprache ber Hinbeloper unb Mulqueru-
mer hat im vorigem unb biefem Jahrhunberte merkliche
Veränberungen gelitten. Im vorigen Jahrhunberte betete
ber Mulquerumer fo:

Uis Vaer dy't jy ynne Hymmelen binne
Jys Naemme woarde heylige
Jes Keuningkryk komme

Jes wille gefhaede, lyken as ynne Hymmelen,
acſe oppe Yerde.
Uis dagelyks brae jau uis joe.
In foarjae uis uis Schiolden, lyken as wy
foorjaee uis Schioldners.
In bring uis naet yn Voarſieking, maer befrye
uis focr de quaee.
Want jiis iſt Kenningryk, in de Kraeſt, in de
Haerlykheid yn aeuwigheit, Aemen.

und jeßo:

Uws fader, der y binne ynne hymmelen
Jen Namme worde heilige
Jen Kenningryk komme
Jen wille gefchae, allyk ynne hymmel
ſoa aeak op ierde
Uws daegs brae jouw uws joed
In forjauw uws unzze fchielden, allyk
aek wy forjouwe uws fchieldeners.
In lied uws naet yn forſieking,
Mar forlos uws fen den quaeden.
Want jens iſt Kenningryk, in de Kraeſt
in de Haerlykbeid ynne iewigheid.   Ammen.
    Focke Sjordes algemene Befchryv. van Friesland.
        1 Deel p. 308.

Der große Junius erkannte ſo ſehr den Werth dieſer
Mundart, daß er aus England herüber kam, und ſich
2 Jahr bey Gisbert Japix aufhielt um ſeine Wiſſenſchaft
in der angelſächſiſchen Sprache aus dem Hindeloper und
Mulquerumer Bauerfrieſiſchen zu bereichern.   Gabbema
Vorrede zu Giesb. Jap. Rymler. und von Wicht in der
Vorrede zum Oſtfr. L. R. p. 42.   Noch jeße iſt die Verwand-
ſchaft dieſer frieſiſchen Mundart mit der jeßigen engliſchen
Sprache ſo groß, daß wenn man aus der engliſchen dieſe frie-
ſiſche Wörter herauswerfen wollte, von derſelben wenig übrig
bleiben würde.   Gabbema c. l.   Daher hat man noch
das Sprichwort:

                                                    Buwter,

Buwter, Breat, in griene tzie»
Is guth Inglifch, in guth Friefch.
                              v. Idfinga Staatsrecht der Verenig. Nederland.
                    p. 124.

§. 16.

Auch in Ostfriesland und den angränzenden Ländern
hat man noch in diesem Jahrhunderte Reliquien der alten
friesischen Sprache gefunden.   So saget v. Wicht in dem
Vorbericht zum Ostfr. L. R. p. 40. daß in einigen ins
Osten von Aurich liegenden Dörfern etlichen wie wohl we-
nigen Hausleuten, diese alte Sprache noch nicht völlig
vergessen gewesen, und Cadovius Müller in der Vorrede
zu seinem Memor. ling. fris. daß in seiner Gegend im
nördlichen Theile Ostfrieslandes und besonders auf den
Inseln noch verschiedene Familien die alte friesische Sprache
geredet haben.   Aus den von ihm angehängten Anecdo-
ten, in der damalen im Ausgange des vorigen Jahrhun-
derts in seiner Gegend gangbaren ostfriesischen Sprache,
will ich eine zum Beyspiele anführen.

Ohn ohld freesck Wyff in di Tzierck Kuhmende, en
hadde iu lief di nat ergel heeri, quidde: da heere ick di
floite uhn Duhdel Seck Gades, wehr is myhn Stock uhn
holsken, ik mut dunssen, das ist, ein altes friesisches
Weib kam in die Kirche, und hatte nie eine Orgel gehört,
sagte, da höre ich die Flöte und die Sackpfeiffe Gottes,
wo ist mein Stock und wo sind meine Baurenschuhe, ich
muß tanzen.

Es stecken hierunter freylich viele altfriesische Wörter,
es hat aber doch schon mehr Aehnlichkeit mit dem nieder-
sächsischen, daher wir es unmöglich für das alte echte frie-
sische ausgeben können.

Die

Die jetzige oſtfrieſiſche Sprache iſt die wahre nieder‑
ſächſiſche Sprache, die aber öfters von ihr in der Aus‑
ſprache und beſonders in den Gegenden an der Gröninger
Gränze da ſie viel Holländiſches mit aufgenommen, wie
auch ſonſt in einzelnen Wörtern, die ſie aus dem altfrie‑
ſiſchen aufbewahret hat, abweichet. Solcher Wörter
giebt es noch verſchiedene, die man im niederſächſiſchen
und holländiſchcu gar nicht hat, als: Fone, Kebbe,
Schwette, Wahl, Göthe, Tille, Klampe, Lone u. ſ. w.
In den Beyträgen zu der juriſtiſchen Litteratur in den
preußiſchen Staaten 2te Sammlung p. 220 trift man ein
kurzes oſtfr. Wörterbuch der juriſtiſchen provinzial Wörter
an, welchem aber Vollſtändigkeit und Genaußeit fehlet.
Da wir ſo viele niederſächſiſche Wörterbücher haben, ſo
iſt auch zu wünſchen, daß ein oſtfrieſiſches Idioticon her‑
auskommen möchte. Um den Leſer in keine unnöthige
Koſten zu ſetzen, könnte das ſchöne bremiſch niederſächſ.
Wörterbuch zum Grunde geleget, und blos die Abweichun‑
gen und darinn das eigene und beſondere der oſtfr. Wörter
angezeiget werden.

§. 17.

Auch an den Gränzen Oſtfrieslandes hat man noch
lange Spuren dieſer alten Sprache bemerket. Im Sa‑
gelter lande im Niederſtifte Münſter, iſt die alte frieſiſche
Sprache noch in dieſem Jahrhunderte (indeſſen gewiß
nicht mehr rein) geredet worden. Harkenroth. oſtfr.
Oorspronkl. p. 631. und Vorbericht zum oſtfr. L. R. p. 41.
Ferner hat ſich die frieſiſche Sprache im lande Wurſten
im Stifte Bremen, wie der Hr. R. Rath v. Wicht aus
einem kleinen Wörterbuche bemerket hat, lange erhalten.
Oſtfr.

Oftfr. L. R. l. c. Dies wird wahrfcheinlich des Predigers
zu Cappel, Friedrich Auguft Renner Gloff.Frificum feyn,
deffen das bremifch niederf. Wörterbuch T.4. p. 673. geden-
ket; wird auch ohne Zweifel, wie des Cabovii Memoriale
Linguae Frif. mehr niederfächfifch als friefifch feyn. Enb-
lich follen die Bewohner der Invrifchen Inful Wangeroge
die alte friefifche Sprache noch im vorigen Jahrhundert
geredet haben. Winkelmanns Oldenburg. Chronif p. 11.
Aber alles diefes ift ein verdorbenes, vermifchtes nieder-
fächfifch friefifch. Der Fehler ftecft nur darinn, daß man
aus einigen übrig gebliebenen alten Wörtern die Schnur
über die ganze Sprache ziehet. Härfenroth irrt fich ficher,
wenn er in feinen frief. Oorspronkl. p. 56. behauptet, daß
die Sageltenländer im Stifte Münfter und die Engländer
fich noch unter fich verftehen.

§. 18.

Das der Angel und Jüte die alte friefifche Sprache
geredet haben, und daß felbige jenfeits der Elbe bekannt
gewefen, habe ich fchon oben erwiefen. Mit recht faget
Emmius: Lingua ufi funt omnes Frifii una et eadem.
rer. fris. hift. Lib.11. Jenfeits der Wefer und Elbe ift
aber diefe Sprache am erften erlofchen, indeffen ift fie noch
zu den Zeiten Saxo Grammatici, wiewohl damalen fchon
vermuthlich verfälfchet, bekannt gewefen. Hos (frifii
minores) a frifonum gente conditos nominis et linguae
focietas teftimonio eft. L. 14. Auch Heimreich in feiner
Nordfriefifchen Chronif p. 33. bezeuget, daß zu feiner Zeit
die jetzige englifche Sprache mit der dortigen Nordfriefi-
fchen viele Verwandfchaft gehabt habe. Ein Bruchftücf der
damaligen gangbaren Sprache, ift das Morgenlied, welches
er

er darinn ſelbſten Ao. 1616. verfertiget, und in ſeiner Vor-
rede geliefert hat.

In Miren Sough.

Ick kan ick noog thonck ſedje,
O Godd von Hemmelrick,
So lung, als ick möth lebje
Af erden ön du ſick,

That in vorgiengen Naacht
Du myn liff, Siel, un leeven,
Un wat Du my heeſſt jeeven,
So trawlick heeſt bewaagt.

Ick badde bi vor allen,
Jeff my thoch the eim ſeen,
Du ick walln un unwallen
Min leevedogh heef dohn,

Un bath ock delling my
Jaa nat ön unlock kamme,
Mit ock hat min nat namme,
That ick mey thonke dy.

leeth mi am Mirn un Erne. u. ſ. w.

Aber hier iſt faſt alles ſchon niederſächſiſch, nur wei-
chet der Dialect noch hie und da ſtark ab.

§. 19.

Ich wende mich nunmehr zu den Kindern der frieſi-
ſchen Sprache, zu der niederſächſiſchen und zu der hollän-
diſchen

diſchen.　Die deutſchen Völker theilen ſich von Alters
her in die hohen und in die niedrigen, und darnach theilet
ſich ihre Sprach in zwey Hauptmundarten, in die Ober-
und Niederdeutſche ober in die Hoch- und Platdeutſche
Sprache.　Schottel. von der deutſchen Hauptſprache p. 252.
Richey Idioticon Hamb. p. 4.　Fulda German. Wurzel-
Wörter Einleit p. 3. und Adelung über die Geſchichte der
deutſchen Sprache p. 72.　Der mächtigſte Völkerbund im
ſüblichen Deutſchlande war der Allemanniſche, und im
norblichen der Sächſiſche, nachher Frieſiſche.　Darnach
gab es zwey Hauptmundarten, die allemanniſche ober alt
oberdeutſche und die ſächſiſche frieſiſche ober die alt nieder-
deutſche.　Zwiſchen den Allemannen und Sachſen wohnte
der Franke. Hieronym. in vita Hilarionis c. 8. ein urſprüng-
lich niederdeutſches Volk, ein Nachbar der Kauchen und
Sachſen, Beat. Rhen. rer. germ. L. I. p. 129. und ſelbſt ein
Bundesgenoſſe der Frieſen, Kauchen und Sachſen. Ubbo.
Emmii rer. friſ. L. I. Menſo Alting Not. Germ. inf. Pr. I.
Litt. f. Cluveri Germ. antiq. c. 20. Spener. Notit. Germ.
Ant. L. IV. c. 5. §. 4. u. z.　Durch verſchiedene Bundesge-
noſſen verſtärkt, breitete der Franke ſich weiter ſüblich aus
und beſiegte unter ſeinem Könige Klodovarus im Ausgange
des 5ten Jahrhunderts die Allemannen. Gregor. Turon.
Lib. II. c. 30.　Aimonius Lib. I. c. 15., Geſta francor. c. 15.
Die älteſten Franken, ſie mögen nun ein eignes niederdeut-
ſches Volk, oder ein Völkerbund mehrerer niederdeutſchen
Stämme geweſen ſeyn, redeten allem Anſehen nach ur-
ſprünglich eine niederdeutſche Mundart.　So wie ſich die
ſüblichen Völkerſchaften Deutſchlandes unterwarfen, und
ſich die Ueberwinder unter den Ueberwundenen verlohren,
gewöhnten ſie ſich nach und nach an die höhere Mundart,

C　　　　　　　　　die

die ſie doch, allem Anſehen nach) mit der ihrigen vermiſch=
ten, woraus denn die fränkiſche entſtand, welche ſchon zu
den Zeiten der fränkiſchen Monarchen, das Mittel zwi=
ſchen der ganz hohen und der völlig niedrigen Sprache
ausmachte. Adelung über die deutſche Sprache, pag. 73.
Endlich empfanden auch die Sachſen und Frieſen, vorma=
lige Bundesgenoſſen der Franken den Druck der ſiegreichen
fränkiſchen Waffen. Schon unter Pipin und Karl Mar=
tel öfters beſieget, kamen ſie zuletzt unter Karl dem großen
in die fränkiſche Oberherrſchaft. Dies iſt aus der Ge=
ſchichte bekannt genug. Hier vermiſchte ſich denn die alte
niederdeutſche Sprache, mit der fränkiſchen, und aus
dieſer Vermiſchung entſtand das heutige niederdeutſche,
welches in zweyen Mundarten in der niederſächſiſchen und
holländiſchen blühet. Wir finden daher in der ſchon aus
dem allemanniſchen verfeinerten fränkiſchen Sprache aus
dem 8ten und folgenden Jahrhunderten das altſächſiſche
oder angelſächſiſche und frieſiſche, imgleichen das holländi=
ſche und niederſächſiſche. Man kann ſich aus jeder Stelle
der fränkiſchen Schriftſteller davon überzeugen. Wir
wollen zum Beweiſe nur eine kleine Stelle aus Otfrieds
Evangel. L. I. c. 23. hieher ſetzen.

> Tho thiſu uuorolt ellit
> quam zi theru ſtullu
> So quam thiu Gotes Stimma
> in thia uuaſtina &c.

welches Schilter überſetzet:

> Cum hic mundus omnis
> veniſſet ad tranquillitatem
> Venit Dei Vox
> in Deſertum.

uuorolt,

uuorolt, frf. uuralt, frief. werelt, hoff.

ell. frf. el, frief.

quam er kahm, frf. quam, nied. sächf.

Stimma, frf. ist die ächte friesische Endigung.

uuaslina, frf. weslenia, frief. westen, a. s. woesline, hoff.

§. 20.

Die niedersächsische Mundart, welche aus der Vermischung der fränkischen und altfriesischen entstand, wird sich vielleicht damalen zu bilden angefangen haben, wie Karl der Große viele tausend Sachsen die zwischen der Weser und Elbe wohnten, in deutsche und französische Provinzen versetzte, Eginhard Vita Carol. c. 7. Annales Pithaen. ad a. 794. und selbige, schon gewohnt an den fränkischen Dialect, unter Ludwig dem frommen wieder in ihr Vaterland zurückkehrten. Autor vitae Ludov. p. 362. Da nun die Obotriten, ein Slavisches Volk, sich in die von den Sachsen verlassene Gegenden eindrangen, Schubackii Diss. de Sax. trausp. sub Carolo M. facta §. 4., so werden die Sachsen ihre Sprache aus der angenommenen slavischen Sprache verfeinert haben. Wie in der Folge im 12ten Jahrhunderte die niedersächsische Sprache sich an der Ostsee bis zur Weichsel über das alte Vandalien durch allmählige Vertilgung der Slaven und Wenden ausbreitete; Krantzii Saxonia L. I. p. 5. Eccard de origine Germ. in praef. p. 13., so wird sich noch immer mehr slavisch eingemischet haben. So entstand dann die itzige niedersächsische Mundart, welche das mehreste aus der altsächsischen oder altfriesischen Sprache beybehalten, und sich vorzüglich durch das fränkische, sodann auch durch das slavische verfeinert hat. Sie ist grade das Gegentheil der Oberdeutschen Sprache und unter

C 2 allen

allen deutſchen Mundarten in der Wahl und Ausſprache
der Töne die wohlklingendſte, gefälligſte und angenehmſte.
Sie beherrſcht die nördlichſten Gegenden Deurſchlandes
von den niederländiſchen Gränzen an bis an die littauiſchen.
Vom deutſchen Reiche beſitzt ſie ohngefähr ein Drittel; al-
lein außer demſelben gehören ihr auch beyde Preußen und
der von Sachſen bewohnte Theil Siebenbürgens. Abe-
lung über die Geſchichte der deutſchen Sprache. p. 77-79.
Der Wunſch verſchiedener Gelehrten des Praſchius,
Heumann, Leibniß, Eccard, v. Wicht, von Stabe und
vieler anderen, Sammlungen der provinzial Wörter beſon-
ders der niederſächſiſchen Sprache zu veranſtalten, iſt ſo
ziemlich erfüllt; ſo haben wir das Osnabrüger Idioticon
von Hr. Rector Strodtmann, das vortrefliche Bremiſch
niederſächſiſche Wörterbuch von der dortigen deutſchen
Societät, das Hamburgiſche Idioticon von Hr. Prof. Ri-
chey, Sammlung ditmarſiſcher Wörter und Redensarten
von Hr. Prediger Ziegler, das platdeutſche Wörterbuch
nach der pommerſchen und rügiſchen Mundart von Hr.
Profeſſor Dähnert und das preußiſche Wörterbuch von
Hr. Bock. Noch wird ein hinterpomriſches Wörterbuch
von Hr. Präpoſitus Haken und ein preußiſches von Hr.
Prediger Henning erwartet. Möchte doch auch ein Oſt-
frieſiſches erſcheinen!

§. 21.

Die zweite Tochter der altfrieſiſchen Sprache iſt die
jetzige niederländiſche oder ſogenannte holländiſche. Sie
hat ſich bloß mit der fränkiſchen vermiſchet, und durch
franzöſiſche Endigungen verfeinert. Daher hat ſie meh-
rere Züge von ihrer Mutter beybehalten, als die nieder-
ſächſiſche

sächsische Mundart. Eccard sagt in hist. stud. etym. p. 118. Saxonicae, anglo-saxonicaeque dialecto affinis admodum est sermo belgicus, welcher Meynung Morhof in seinem Unterricht von der deutschen Sprache p. 233. beytritt, und Weiß in seinen Reisen durch Portugal und Spanien 1. Band p. 196. behauptet, daß die englische Sprache, (ein Abkömmling der angelsächsischen Sprache) noch im 14ten Jahrhundert so viele Aehnlichkeit mit der niederländischen Sprache gehabt habe, daß fast ganze Zeilen niederländisch waren. Mit Recht erinnert Herr Kinderling, daß unsere Sprachforscher mehr auf das Holländische, worinn so vieles von der altdeutschen Sprache übrig ist, zu sehen haben. Adelungs Magazin für die deutsche Sprache 2ten Bandes 1stes Stück p. 97. Das sichtbare Alter dieser Mundart hat verschiedene Gelehrten als Abraham van der Myle, Adrian Schriek, Salmasius und andere mehr verleitet, in Untersuchung derselben zu weit auszuholen. Ja Goropius Becanus entblödet sich nicht in seinen Origin. Antwerp. unsere ersten Eltern im Paradiese, und den Schöpfer selbsten niederländisch reden zu lassen. Unter der Vereinigung der 17 Provinzen wurde die niederländische Sprache flämisch, nach der Errichtung des engern Bundes der 7 Provinzen aber von der größten Provinz Holland, die Holländische genannt. Societ. pro exc. iure patr. Tom. I. p. 20. Den Gang und Fortschritt der holländischen Sprache kann man aus Kiliani Dufflaei etymologico teutonicae linguae am besten ersehen. Dieß ist eine vortrefliche Sammlung alter niederdeutschen, besonders holländischen, Seländischen, Gelderischen, Clevischen, Jülichschen, vorzüglich aber Brabandischen und flandrischen Wörter. Herr Hassel hat 1777 davon eine

C 3   neue

neue ſchöne Ausgabe zu Utrecht veranſtaltet.   Hier durch-
kreuzet ſich das altfrieſiſche, fränkiſche, niederſächſiſche
und jetzige holländiſche, doch ſo, daß das holländiſche
oder vielmehr das vormalige flämiſche ſchon ſichtbar die
Oberhand hat.

§. 22.

Da nunmehro die altfrieſiſche Sprache völlig ausge-
ſtorben iſt, ſo hält es ungemein ſchwer eine richtige Kennt-
niß derſelben zu erlangen.   Wörterbücher hat man platter-
dings nicht, die mehreſten frieſiſchen Schriften liegen noch
in der Handſchrift, ſelbſt die gedruckten ſind nicht ſo ſehr
bekannt, und an Ueberſetzungen fehlt es faſt allenthalben.
Die Schriftſteller lebten nicht zu ein und derſelben Zeit,
und in derſelben Gegend.   Daher die verſchiedene Abwei-
chungen in der Mundart und Schreibart.   Die frieſiſche
Sprache war ungebaut und keine ordentliche Schriftſprache.
Jedweder bildete ſich ſelbſt orthographiſche Regeln und
ſchrieb, wie es ihm gut deuchte.   Was der erſte Schrift-
ſteller recht geſetzet hatte, verdarb vielleicht gar ein aus-
ländiſcher, der Sprache nicht mächtige Mönch in der Ab-
ſchrift.   Was Mareſchal in ſeinen Obſervationen p. 555.
von der angelſächſiſchen Sprache ſagte, paßt ſich auf die
frieſiſche: Sicut loquebantur maiores noſtri, Vocesque
ſuas varie pronunciabant; ita easdem, iam tum incultas,
diverſe admodum ſcriptis mandabant.   Dum ſermo erat
legum expers, & ſcribae quoque habebantur exleges:
quilibet enim ſibi canones orthographicos impune fingebat.

Die verſchiedene frieſiſche Mundarten und die abwei-
chende Schreibart, treffen wir allenthalben an.   So
ſprach, und ſchrieb der Frieſe: haut, hawed, hael, hol,
hul,

hul, hof ber Kopf, Iean, ioun, iowa, iuwa, iewa geben. Kethel, Szetel, Shitle, Sthile ber Keffel. Kinne, Keñne, Konne, Kyn, Kne, Knie, Knia bie Verwanbfchaft. Siune, Suna, Sun, Sen, Zen, Syn ber Sohn. Szurke, Tzurke, Tiurk, Tzierka, Zierk, Sthereka, Karka bie Kirche ꝛc. Dann verfeßte ber Friefe bie Buchftaben, unb feßte balb biefen balb jenen vorne, pisle, pifel, gers, gres &c. hier warf er einen Buchftaben heraus, fpeka ftatt fpreka, ftoda ftatt ftonda, bort feßt er einen hinzu, feng für feg, fekna für Seka. Hier verlängerte er bas Wort, hor in hore, Ler in Leder, Reb in Ribbe, bort verfürzte er es, ecclefia in clefie, Chriftus in Kerft, gunga in unga, hier enbigte er mit a, bort mit en, n, e, i, flea unb flen, Kela unb Kelen, gama unb gome, hera unb hiri unb bann verwechfelte er faft alle Buchftaben unter einanber. Vorzüglich werben bie Selbftlauter mit einanber verwechfelt, Pat, Pet, Pot, Put ein Wafferpfuhl, Sunna, Sonna, Sinna bie Sonne ꝛc. So wirb benn oft:

a verändert in e	-ham	.heim	bas Haus.
——— in i	-halde	.hilde	ber Fuß bes Dammes.
——— in o	-Camp	.comp	ber Kampf.
——— u	-bana	.byna	ber Mörber.
——— ea	-axa	.eax	ein Beil.
——— / ae	-fad	.faed	mangelhaft.
——— au	-bla	blaw	blau.
——— ei	-ha	.hei	bas Heu.
e ——— in a	-fiehe	in a	
e ——— in i	-ferna	-firna	eine Miffethat.
——— o	-ief	-iof	ob.
——— u	-berna	-burna	brennen.

e verändert in ae	- Esna	- aesna	Arbeitslohn.
———	ea - ela	- eala	o! ach!
———	ee - en	- een	ein.
———	ei - feder	- feider	der Vater.
———	ia - Vel	- fial	das Rad.
———	y - Eser	- Yrsa	das Eisen.
———	iu - stera	- siura	regieren.
———	oe - Feth	- Voet.	der Fuß.
i in ———	a - siehe	- a	
———	e - —	- e	
———	o - bird	- bord	der Raub.
———	u - gint	- gunt.	dorten.
———	ei - di	- dei	der Tag.
o in ———	a - siehe	- a	
———	e - —	- e	
———	i - —	- i	
———	u - boc	- buc	der Schulter.
———	au - bote	- baute	landfrüchte.
———	ae - hat	- haet,	was, etwas.
———	oe - bord	- boerd	ein Brett.
———	ue - Doc	- Duec	ein Tuch.
———	w - ora	- wra	ärger, schlimmer.
u in ———	a - siehe	- a	
———	e - —	- e	
———	i - —	- i	
———	o - —	- o	
———	f - hwerua	- werfen	wechseln, tauschen.
———	ve - haud	- haved	der Kopf.
———	w - hus	- hws	das Haus.

und

und die Mitlauter:

b	verändert in p		- Stemplinga	- Stemblenga	die Ver-stümlung.
c	---	k	- scria	- skria	schreien.
	---	ch	- scamel	- schamel	arm.
	---	q	- cuede	- quesne	die Quet-schung.
	---	z	- breca	= brezen	brechen.
d	---	t	- reda	- retta	retten.
	---	th	- freda	- fretha	der Friede.
f	---	v	- Fenne	- Venne	eine Wiese.
	---	w	- fach	- Wach	die Wand.
g	---	i	- gef	- ief	wenn, ob.
	---	ch	- Mag	- Meech	ein Anver-wandter.
	---	z	- Oenbring	- Oenbrinz	summari-sche Klage.
k	---	c	- s. c.		
	---	tz	- Kiasa	- tziesa	wählen.
	---	q	- Kuik	- Quik	das Vieh.
	---	sz	- Ketel	- Szetel	der Kessel.
m	---	w	- mara	- wara	sondern, aber.
p	---	b	- s. b.		
	---	w	- slepen	- stewen	das Vör-bertheil d. Schiffes.
q	---	c	- s. c.		
	---	k	- s. k.		
s	---	z	- Se	- Zea	die See. szvet-

D

ſz veränbert in k	-ſ. k.	
t ———	d -ſ. d.	
tz ———	k -ſ. k.	
v ———	f -ſ. f.	
———	w - Vike	- Wike	die Woche.
———	u - wude	- wunde	die Wunde.
———	we - wrpa	- werpa	werfen.
———	f -ſ. f.	
———	m -ſ. m.	

Dies ſind denn ohngefähr die vornehmſten und am
häufigſten vorkommende Verwechſelungen der Buchſtaben.

§. 23.

Es iſt indeſſen Zeit, daß ich zum Schluſſe eile und
zuletzt die Quellen eröfne, worinn uns dieſe Sprache auf-
behalten worden. Es werden wahrſcheinlich noch viele
Manuſcripte in frieſiſcher Sprache vorhanden ſeyn, und
in verborgenen Winkeln ſtecken. So viel iſt gewiß, daß
in der Bodleianiſchen Bibliothek zu Orford verſchiedene un-
bekannte frieſiſche Schriften vorhanden ſeyn, v. Wicht
Vorbericht zum Oſtfr. L. R. p. 42. auch ſagt man, daß in
einem Kloſter zu Münſter noch frieſiſche Schriften ſtecken.
Ich werde indeſſen die mir bekannten frieſiſchen Schriften
aufführen. Auf die Fabeln vieler frieſiſchen Geſchicht-
ſchreiber und beſonders des Suffrid Petri kann ich mich
nicht einlaſſen. Dieſer hat in ſeinen Scriptoribus Fr. ein
ungeheures Heer frieſiſcher Schriftſteller aufgeführet, und
läßt ſogar den Friſo, den erdichteten Stifter der frieſiſchen
Nation, viele hundert Jahre vor der Geburt unſers
Heilandes, verſchiedene Bücher in frieſiſcher Sprache mit
griechi-

griechifchen Buchſtaben ſchreiben. Die älteſten friefifchen
Gefeße find in lateiniſcher Sprache verfaſſet. Dieſe Le-
ges Friſ. find befant und ſtehen in den Sammlungen der
deutſchen Gefeße von Herold Linbenberg und Georgiſch.
Auch findet man fie in Schotani Beſchryv. van Friesland
und in dem Charterboek van Friesl. Sircama hat fie mit
ſchönen Anmerkuugen herausgegeben, welche Ausgabe
Gärtner feinen LL. Saxon. angehänget hat. Da in diefen
LL. Friſ., welche in dem 9ten Jahrhunderte ober noch
wohl früher verfaſſet find, Vorbericht zum oſtfr. L. R.
p. 63. verſchiebene alte friefifche Wörter vorkommen, fo
gehören ſelbige allerdings mit zu den Quellen der friefifchen
Sprache. 2) Ein ungenannter, vielleicht Sibo Sibranda,
Abt zu Liblum, hat in dem 14ten Jahrhunderte die alten
Gefeße der Friefen, in friefifcher Sprache gefammlet.
Diefe Sammlung wird das Corpus der friefifchen Rechte
genannt. Es iſt zu Köln 1470 in 4to abgebruckt. Die-
fer Druck iſt überaus rar und findet man nur einige Exem-
plarien davon in der Provinz Friesland in privat Biblio-
theken. Schotanus hat hernach diefe Sammlung in fei-
ner Beſchryvinge van Friesland tusſchen t' Flie end de
Lauwers und zwar in der 2ten Ausgabe ohne Jahreszahl
von fol. 36 bis 106. geliefert. Auch diefe Ausgabe iſt
ſchon fehr felten. Herr Baron von Schwarzenberg hat
in der Vorrede zu dem großen Placaat ober Charterboek
van Friesl. p. 63. einen neuen Abbruck und Ueberſeßung ver-
ſprochen, fie iſt aber nicht erfolget. Enblich iſt zu Cam-
pen Ao. 1783, diefe Sammlung, nebſt einer hollänbiſchen
Ueberſeßung und gelehrten Anmerkungen unter dem Titel:
Oude Friefche Wetten abgebruckt. Diefes Werk kömmt
in brei Theilen heraus. Der 2te und 3te wird indeſſen

noch erwartet. Die Gesetze, welche in dieser Samm-
lung vorkommen, sind nicht zu gleicher Zeit gegeben wor-
den. Einige geben ein graues Alter zu erkennen, andere
sind von jüngern Zeiten. Der erste Abschnitt enthält eine
allgemeine Einleitung, das Recht der Grafen und der
Schulzen, die Gerichtshandlungen, das Kampfrecht,
Vormundschafts- und Erbschafts-Sachen und andere recht-
liche Materien; der zweite Abschnitt die sieben Kühren,
welche nach der Vorrede derselben, der friesische Heerfüh-
rer Magnus erwählet und Carl der Große bestätigt haben
soll. Dieses Stück gehet fast lediglich auf die Freyheit
der Friesen und stecket voller Fabeln. Das 3te Stück ent-
hält die 17 Wilkühren und 24 Landrechte. Diese kommen
fast in allen friesischen provinzial-Statuten, jedoch hie
und da mit einigen Veränderungen vor. Daher scheinen
sie allgemeine Landesgesetze gewesen zu seyn, die in jeder
Gau aufgenommen worden. Nach ihrem Inhalte müs-
sen sie sehr alt seyn. Man hat sie auch in lateinischer
Sprache, wovon unten weiter.

Der 5te Abschnitt enthält die 8 Domnen, die haupt-
sächlich die Erbfolge bezielen. Der 6te, die 8 Wenden,
oder Hauptverbrechen, die den Delinquenten nicht zu den
Wyteiben ließen, und der 7te und 8te das Send oder geist-
liche Recht. Dieses Stück ist, lange vor dem Vergleiche
mit dem Bischofe Eberhard von Münster Ao. 1276. gema-
chet worden. Ostfr. L. R. p. 131. (nota k.)

Der 9te Abschnitt handelt von dem Wehrgelde eines
Erschlagenen, vom Hausfrieden, Pfändung, Erhaltung
der Wege und Deiche ꝛc.

Der 10te enthält einige Wilkühren von den fünf Di-
stricten in Westergoe: und das

11te

11te bezielet Verwundungen und Mishandlungen und andere Verbrechen nebst den deshalb zu zahlenden Bußen und Bruchen. In allen friesischen Rechtsbüchern findet man dieses Capitel, jedoch unter vieler Abänderung. Wahrscheinlich ist die Berechnung der Bruchen und Bußen das älteste Monument der friesischen Sprache.

Der 12te Abschnitt enthält das Buch Kaiser Rudolphs, der die Privilegien und Wilkühren der Friesen, nach der in Reimen abgefaßten Vorrede, bestätiget haben soll.

Der 13te Abschnitt betrifft das Marktrecht, ver 14te die schwarte Swengen, ver 15te den Straßenraub, der 16te die upstalsbomische Willkühren, und der 17te die Abtheilung der sieben Seeländer. Diese beyden letztern Stücke sind aus jüngern Zeiten.

3) Vetus ius frisicum. Dieses enthält die 17 Wilkühren und die 24 Landrechte, nebst Berechnung von den Bussen und der Bruche in lateinischer Sprache. Hier werden die Wilkühren Petitiones, und die Landrechte Constitutiones genannt. Ich lasse es hier dahin gestellet seyn, ob diese Stücke zuerst in der lateinischen oder friesischen Sprache abgefasset seyn, es ist uns hier genug, daß dieses vetus ius frisicum die in friesischer Sprache entweder vorher oder nachher verfaßte Wilkühren, Landrechte und Lehre von den Bruchen ungemein erläutere. Diese in der Provinz Gröningen vorhandene Membrane ist jüngst hinter dem ersten Stücke des dritten Theils der Verhandelingen door een Genootschap pro excolendo jure patriae abgedruckt worden.

4) Litterae Brocmannorum. Dieses ist ein Hauptmonument der friesischen Sprache. Reg. Rath v. Wicht sagt in der Vorrede zum Ostfr. L. R. p. 159. (n. d.) Die-

ser

ſer ſogenannte Brokmanniſche Brief iſt in der uralten
frieſiſchen Sprache und zwar in der alleráltesten, die uns
noch irgend vorgekommen, geſchrieben, maßen ſie mit
andern Mundarten und Wörtern aus dem niederſächſiſchen
im geringſten nicht vermiſchet iſt, aber auch eben daher
und wegen der vielen Rechtsalterthümer ſehr ſchwer zu ver-
ſtehen iſt. Noch lieget dieſer Brokmanniſche Brief in
der Handſchrift. Zwey Handſchriften ſind noch vorhanden.
Die eine beſitzen die Erben des ſel. Reg. Rath von Wicht
hier in Aurich, und die andere Herr Rath Oelrichs in
Bremen. Der letzte Coder, welcher von dem erſten hie
und da abweichet, endiget ſich: haec littera ſcripta eſt per
manus Owrandi anno, doi, MCCC°LX°V°. Dieſe Jah-
reszahl bezeichnet nur das Jahr der Abſchrift, nicht aber
der Verfaſſung. Denn nach der Materie und der Spra-
che ſind die Litterae Brocm. gewiß älter. Der Coder ent-
hält hauptſächlich die Gerichtsverfaſſung und die Proceß-
ordnung der Brofmánner.

5) Das Hunſingoer Landrecht. Dieſes enthält die
im Jahre 1252 verfertigte privat Statuten von Hunſingo,
voran ſtehen 17 Kühren, die 24 Landrechte, die Berech-
nung der Bruchen und Bußen, die 5 Werden, die Ueber-
führen, und das bekannte Privilegium Karl des Großen
in Reimen. Ein unſchätzbares Kleinod der frieſiſchen
Sprache und Alterthümer. Es iſt in den Verhand. der
Genootſch. pro exc. jure patr. T. II. in Analect. abgedruckt.

6) Die Ueberführen, oder die revibirten frieſiſchen
Kühren, dieſe treffen wir in dem obgedachten Hunſingoer
Landrechte und aus einem andern Codice in der Note zum
Oſtfr. L. Rechte p. 824. und den folgenden an. Beyde
weichen hie und da von einander ab, und ſind von Herr
Reg. R. von Wicht überſetzet.   7) Das

7) Das Emsiger Landrecht. Dieses zerfällt in dreyen Abtheilungen. Die erste handelt von den Verwundungen und Gewaltthätigkeiten, oder den Berechnungen der Bußen und Wunden. Die zwote von den 12 Emsiger Dohmen, welche Ao. 1312 verfertiget worden, und die nebst einer Uebersetzung in dem Ostfr. L. R. in der Note von pag. 646. bis 669. geliefert worden, und dann die dritte welche das eigentliche Emsiger Landrecht ausmachet, und von Schuld, Erbschafts, Theilungssachen ꝛc. handelt. Dieses Emsiger Landrecht lieget noch in der Handschrift.

8) Das Rustringer Landrecht, oder das Asigha-Buch. Es enthält die 17 Wilkühren und 24 Landrechte, besondere statutarische Wilkühren der Rustringern (Butiadinger und Stattländer) gemeine friesische Rechte, Berechnung der Bruchen und Bußen bey Verwundungen und andern Gewaltthätigkeiten und das rustringische Send oder geistliche Recht. Dieses Asigha-Buch lieget ebenfalls noch in der Handschrift. Das Original ist ein köstliches Kleinod des oldenburgischen Archivs. Das Alter dieses Buches setzet Hr. v. Wicht aus sehr wahrscheinlichen Gründen in den Zeiten Friedrich des II. also vor dem großen Interregno, Vorrede zum Ostfr. L. R. p. 183. Wir finden bey Puffendorf in seinem Observat. juris T. III. in appendice von pag. 46 bis 111. eine niedersächsische Uebersetzung, die aber überaus fehlerhaft ist, und worinn die schwersten friesischen Wörter unübersetzet gelassen worden. Auch kömmt die Uebersetzung wegen der vielen Mängel und Zusätze selten mit dem Originale überein. Wahrscheinlich hat der Uebersetzer einen andern Coder vor sich gehabt.

9) Die Upstalsbomische Wilkühren von 1323. Diese sind ursprünglich in lateinischer Sprache abgefasset, und öfters

öfters bey Siccama, v. Schwarzenberg &c. abgedruckt;
eine frieſiſche Ueberſetzung findet ſich bey Schotanus in ſei-
ner Beſchriv. van Friesl. und iſt das letzte Stück in dem
Corpore der frieſiſchen Geſetze, ferner in Schotani Ooſt-
en Weſtfr. Hiſtorie in Tablino und in der Abhandlung
von den Landtagen zu Upſtalsboom.

10) Das alte Fivelingoer Landrecht, und 11) das
alte Oldamſter Landrecht. Beyde liegen noch in der Hand-
ſchrift und werden hin und wieder von Hr. v. Halſema in
den Verhandelingen deer Genootsſ. pro exc. jure patr. an-
gezogen. Dieſe beyde Codices habe indeſſen nie geſehen.

12) Groot Placaat en Charterboek van Vriesland
door G. F. Baron thoe Schwarzenberg, Grietman over
Menaldumadeel. Leuwarden 1768 in folio. Die merk-
würdigſten Stücken, die in der frieſiſchen Sprache in dem
erſten Theile geliefert worden, ſind die Berechnung der
Bußen und Bruchen wegen Verwundung und ſonſtigen
Gewalthätigkeiten, in Ferwerderadeel und Dongeradeel von
1276 und von den jüngeren Jahren. Die Statuten von
der Bolswerder Decanie von 1404, Gerichtsordnung von
Wymbritzenadeel von 1404, von Frahekenadeel von 1433,
Wilführen von Utingeradeel von 1450 ꝛc. imgleichen ver-
ſchiedene Documente.

13) Kerkelycke ende Wereldtlyke Geſchiedeniſſen
van Friesland Ooſt ende Weſt door Schotanus. Am-
ſterdam 1660. Der Anhang oder das von ihm ſogenannte
Tablinum enthält viele documente, wovon die mehreſten
in frieſiſcher Sprache verfaſſet ſind. Dieſes Werk iſt von
Schotani Beſchryving van Friesland tuſchen t' Flie end de
Lauwers, welches eben angeführet iſt, zu unterſcheiden.

14) Hi-

14) Hiſtoriſche Geſchiedeniſſe van Vriesland door Winshemius. Franeker 1622. Hierinn kommen einige frie-ſiſche Documente und beſonders auch fol. 100 das Send ober geiſtliche Recht vor.

15) Gabbema Verhaal van Leuwarden. Franecker 1701, darin ebenfalls verſchiedene frieſiſche Documente vorkommen.

16) Gysbert Japix frieſche Rymlerie. Franeker 1684. Die Gedichte die der Verfaſſer geliefert hat, ſind nicht in der alten frieſiſchen, ſondern in der noch lebenden Bauer-frieſiſchen Sprache, die mit der alten viele Aehnlichkeit hat, geſchrieben. Zugleich iſt ein Fragment einer frieſi-ſchen Grammatik und ein Regiſter der Bruchen und Bußen in alt frieſ. Sprache darinn anzutreffen.

17) Das oſtfrieſiſche Landrecht. Aurich 1746. In der gelehrten Vorrede und in den vortreflichen Anmerkun-gen zu dieſem Landrechte hat der Hr. Verfaſſer, Regier. Rath Matthias von Wicht, ſehr viele Stellen aus den alten frieſiſchen Geſetzbüchern angeführet und überſetzet. Ich kenne kein Werk, woraus man richtigere Begriffe aus der frieſiſchen Sprache erhalten kann, als aus dieſen Anmerkungen und der Vorrede. Den Kenner der frieſi-ſchen Alterthümer und Sprache redet ein Mitglied der Genootſch: pro exc. jure patriae T. L. p. 126. an. Daar wenkt en wekt u de groote van Wicht, bekent door de uitgaave van zyn Ooſtfrieſch Landrecht, een Gryſaert, die by den Naneef de graflamp der Oudheid zal heeten, die de onarbeidzaame tyd had laaten bedelven onder het ſtofzand der vergetelheid.

§. 24.

Dies ſind denn ſo ohngefähr die Quellen, woraus man unmittelbar die altfrieſiſche Sprache ſchöpfen kann.

Sie

Sie bleiben aber für den, der mit dieſer Sprache noch
nicht bekannt iſt, immer trübe, weil es faſt allenthalben
an Ueberſetzungen fehlet. Hülfsmittel zur Kenntniß und
Erlernung der frieſiſchen Sprache, ſind die mit derſelben
aus einer Wurzel entſtandene und verwandte Sprachen,
das angelſächſiſche, allemanniſche, fränkiſche, möſogo-
thiſche, das isländiſche, däniſche, ſchwediſche, das
bauerfrieſiſche, holländiſche und niederſächſiſche und die
dazu gehörende Gloſſarien. Daher rechne ich auch zu den
Hülfsmitteln vorzüglich die verſchiedenen niederſächſiſchen
und holländiſchen Statuten, wodurch die alte frieſiſche
Geſetze und Sprache ungemein erläutert werden, die
Wurſtfrieſiſche, Harlingiſche, Oſtfrieſiſche, Selwarder, Lan-
gewolder, Drenter, Omlander, Femariſche, Lundriſche ꝛc.
Landrechte und Willkühren. Beſonders gehöret der Codex
den der Geſchichtſchreiber Eggerik Beninga beſeſſen und
zur Zeit der Häuptlinge geſchrieben worden, weil er noch
ſehr viele alte frieſiſche Wörter aufbehalten hat, dahin.
Auch iſt das noch in der Haubſchrift liegende Memoriale
linguæ friſicæ, offte thi Gehögniſſe van de ohle Meins
Tale welches der Prediger Johann Cadovius Müller im
Ausgange vorigen Jahrhunderts verfertiget hat, hier an-
zuführen. Der Verfaſſer ſchrieb die Wörter ſo auf, wie
ſie damalen in der nördlichen Gegend Oſtfrieslandes aus-
geſprochen wurden. Freylich iſt faſt alles niederſächſiſch,
indeſſen trift man doch hie und da noch ein ächtfrieſiſches
Wort an. Eben dieſes iſt von des Predigers zu Cappel
Friedrich Auguſt Renners Gloſſario friſico zu ſagen, wel-
ches in dem Bremiſchen niederſächſiſchen Wörterbuche
T. 4. p. 673. angezogen wird.